Impressum
Verlag: BABADADA GmbH, Nedderfeld 112 , 22529 Hamburg
Geschäftsführer / Verlagsleitung: Harald Hof
Druck: Books on Demand GmbH, In de Tarpen 42, 22848 Norderstedt

Imprint
Publisher: BABADADA GmbH, Nedderfeld 112 , 22529 Hamburg, Germany
Managing Director / Publishing direction: Harald Hof
Print: Books on Demand GmbH, In de Tarpen 42, 22848 Norderstedt

lekol
école

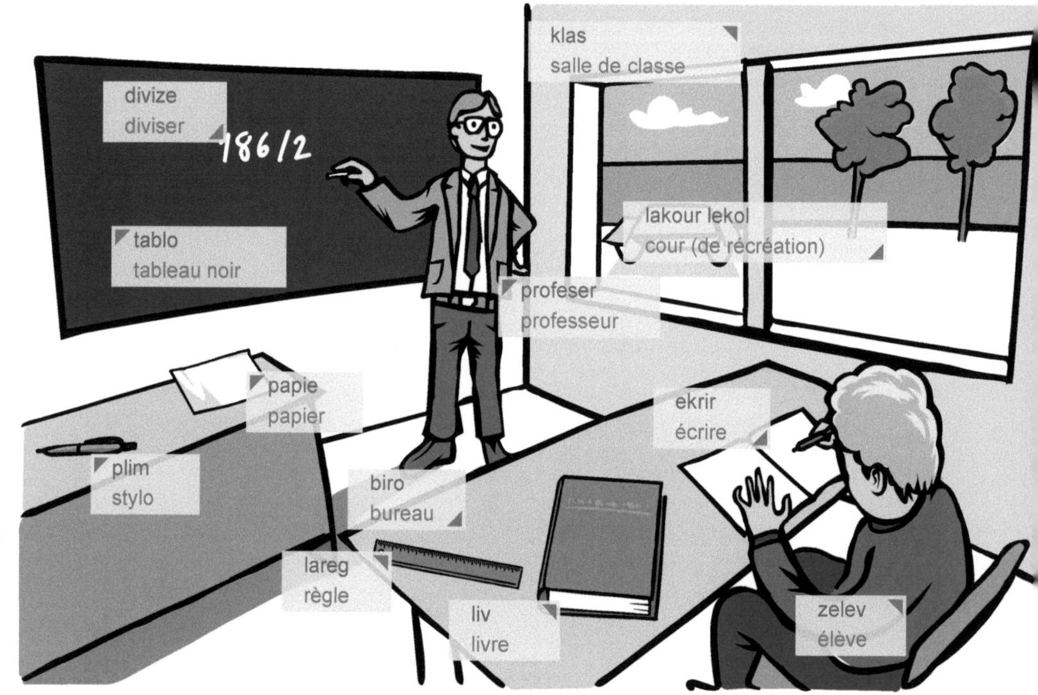

klas
salle de classe
divize
diviser
186/2
tablo
tableau noir
lakour lekol
cour (de récréation)
profeser
professeur
papie
papier
ekrir
écrire
plim
stylo
biro
bureau
lareg
règle
liv
livre
zelev
élève

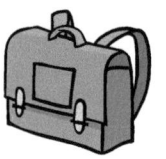

sak lekol

cartable

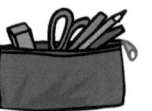

plimie

trousse

kreyon

crayon

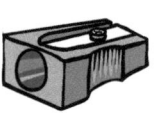

egizwar

taille-crayon

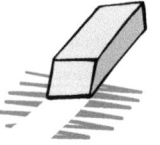

gom

gomme

kaye desin

carnet à dessin

desin
dessin

pinso
pinceau

bwat lapintir
boîte de peinture

sizo
ciseaux

lakol
colle

kaye devwar
cahier d'exercices

devwar
devoirs

nimero
chiffre

azoute
additionner

retire
soustraire

miltipliye
multiplier

kalkile
calculer

let
lettre

alfabet
alphabet

mo
mot

text
texte

lir
lire

lakre
craie

leson
leçon

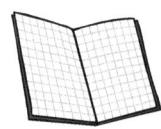

rezis
livre de classe

lexame
examen

sertifika
certificat

iniform lekol
uniforme scolaire

ledikasion
formation

lansiklopedi
lexique

liniversite
université

mikroskop
microscope

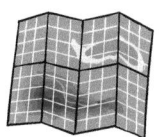

map
carte

poubel
corbeille à papier

vwayaz
voyage

Grand
ROOMS
lotel
hôtel
loberz
auberge
biro sanz
bureau de change
valiz
valise
loto
voiture

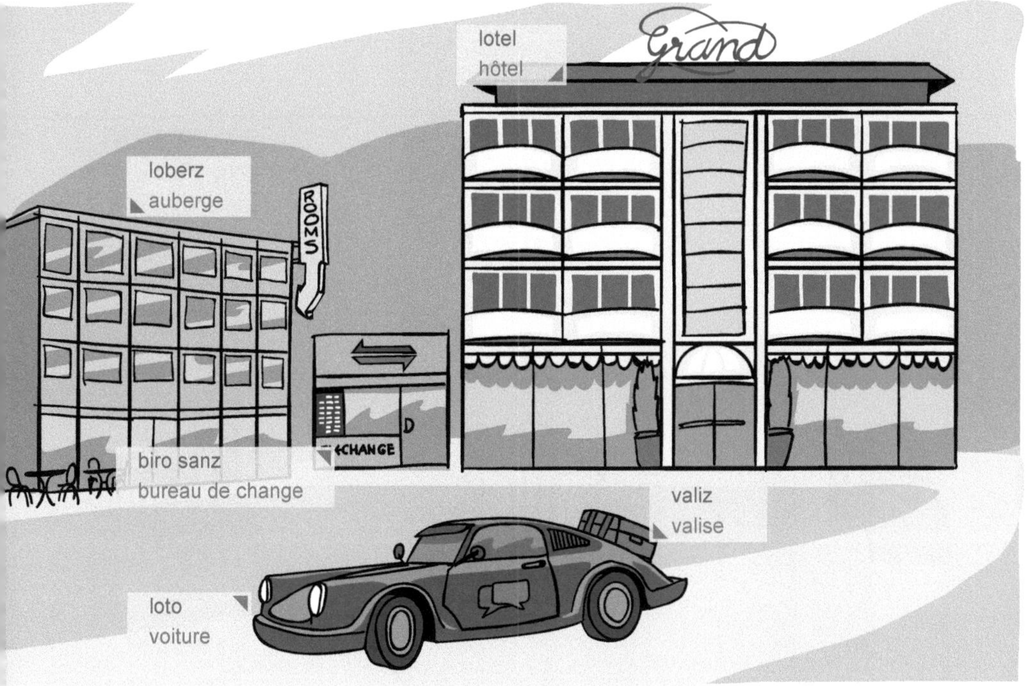

langaz

langue

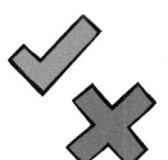

wi / non

oui / non

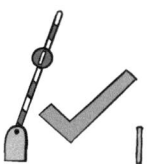

okay

d'accord

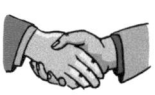

Alo

Salut

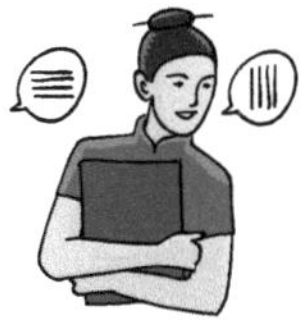

tradikter

interprète

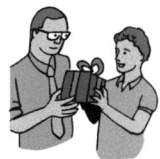

Mersi

merci

komie sa..?

Combien coûte...?

Mo pa pe konpran

Je ne comprends pas

problem

problème

Bonswar!

Bonsoir !

Bonzour!

Bonjour !

Bonn nwi!

Bonne nuit !

o-revwar

Au revoir

direksion

direction

bagaz

bagages

sak

sac

sak-a-do

sac-à-dos

ot

hôte

pies

pièce

sak kousaz

sac de couchage

latant

tente

lofis tourism
office de tourisme

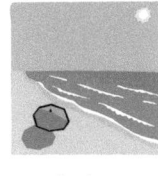

laplaz
plage

kart kredi
carte de crédit

ti-dezene
petit-déjeuner

dezene
déjeuner

dine
dîner

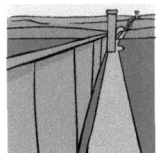

biye
billet

lasanser
ascenseur

tem
timbre

frontier
frontière

ladwann
douane

lanbasad
ambassade

viza
visa

paspor
passeport

vwayaz - voyage

transpor
transport

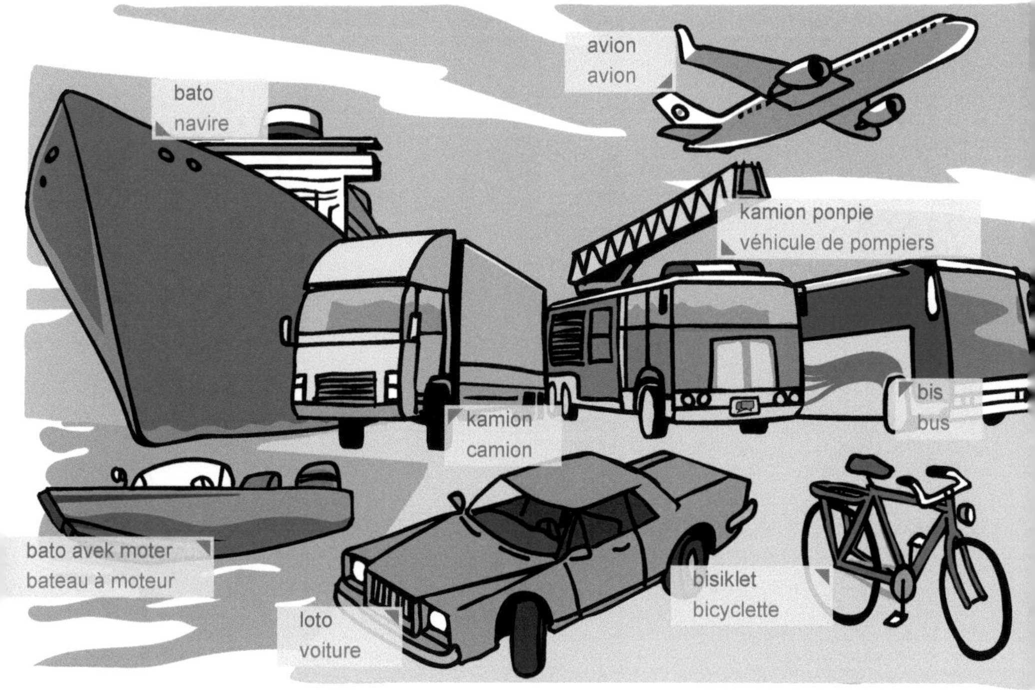
avion
avion
bato
navire
kamion ponpie
véhicule de pompiers
kamion
camion
bis
bus
bato avek moter
bateau à moteur
bisiklet
bicyclette
loto
voiture

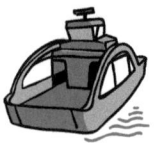

feri
ferry

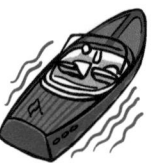

bato
barque

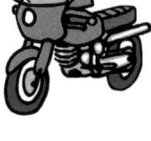

motosiklet
moto

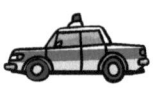

loto lapolis
voiture de police

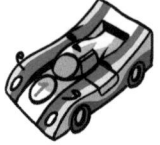

loto lekours
voiture de course

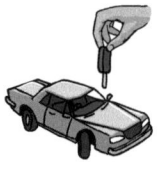

loto lokasion
voiture de location

ko-vwatiraz

auto-partage

kamion towing

voiture de remorquage

kamion salte

benne à ordures

moter

moteur

lesans

essence

filing

station d'essence

pano indikasion

panneau indicateur

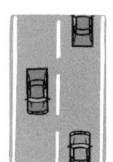

trafik

trafic

anbouteyaz

embouteillage

parking

parking

stasion trin

gare

ray

rails

trin

train

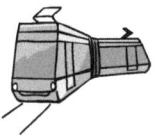

tram

tramway

vagon

wagon

elikopter

hélicoptère

aeropor

aéroport

towing

tour

pasaze

passager

kontener

conteneur

karton

carton

sario

chariot

panie

corbeille

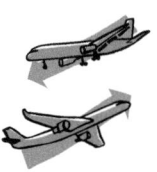

dekole / aterir

décoller / atterrir

lavil

ville

vilaz

village

sant-vil

centre-ville

lakaz

maison

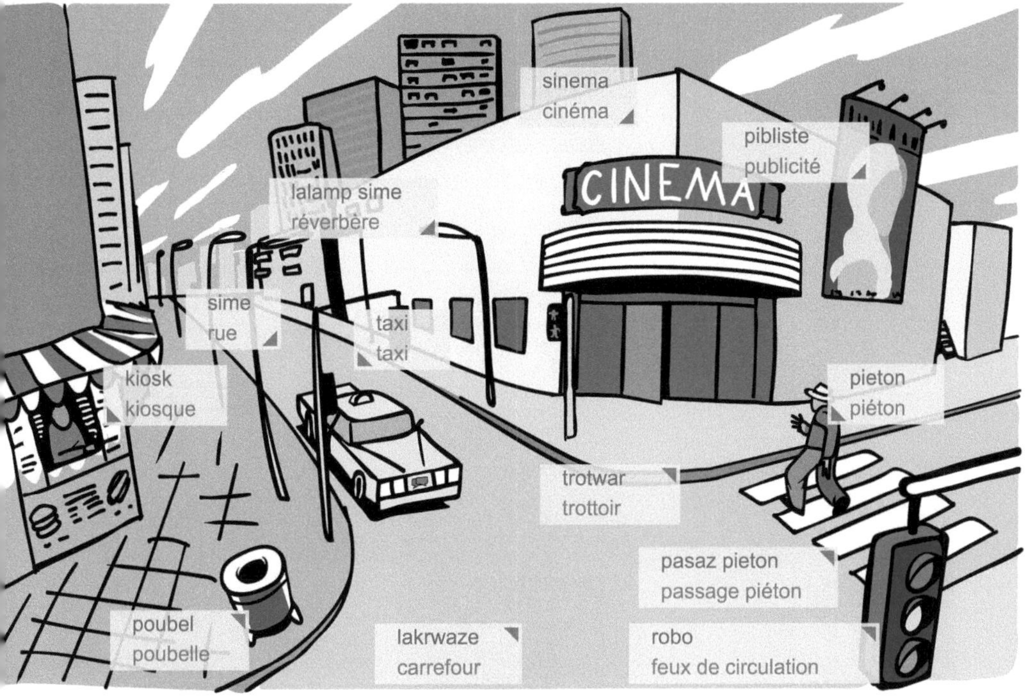

sinema
cinéma

pibliste
publicité

lalamp sime
réverbère

CINEMA

sime
rue

taxi
taxi

kiosk
kiosque

pieton
piéton

trotwar
trottoir

pasaz pieton
passage piéton

poubel
poubelle

lakrwaze
carrefour

robo
feux de circulation

kabann
cabane

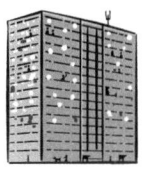

flat
appartement

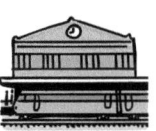

stasion trin
gare

minisipalite
mairie

mize
musée

lekol
école

lavil - ville

liniversite

université

labank

banque

lopital

hôpital

lotel

hôtel

farmasi

pharmacie

biro

bureau

libreri

librairie

magazin

magasin

fleris

fleuriste

sipermarse

supermarché

bazar

marché

gran magazin

grand magasin

pwasonnri

poissonnerie

sant komersial

centre commercial

lepor

port

park
parc

labank
banque

pon
pont

leskalie
escaliers

metro
métro

tinel
tunnel

bistop
arrêt de bus

bar
bar

restoran
restaurant

bwat-a-let
boîte à lettres

pano
panneau indicateur

parkmet
parcmètre

zoo
zoo

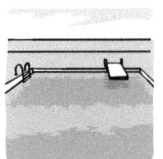

pisinn
piscine

moske
mosquée

lavil - ville

laferm
ferme

polision
pollution

simitier
cimetière

legliz
église

lespas pou zwe
aire de jeux

tanp
temple

peizaz

paysage

fey
feuille

pano indikasion
panneau indicateur

sime
chemin

preri
pré

ros
pierre

randonner
randonneur

pie
arbre

larivier
rivière

lerb
herbe

fler
fleur

lavale

vallée

kolinn

montagne

lak

lac

bwa

forêt

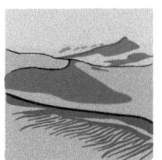

dezer

désert

volkan

volcan

sato

château

larkansiel

arc-en-ciel

sanpinion

champignon

palmie

palmier

moutik

moustique

mous

mouche

fourmi

fourmis

abey

abeille

zarenie

araignée

peizaz - paysage

koksinel

coléoptère

grenouy

grenouille

ekirey

écureuil

erison

hérisson

lapin

lièvre

ibou

chouette

zwazo

oiseau

sign

cygne

sangliye

sanglier

serf

cerf

elan

élan

dam

barrage

eolienn

éolienne

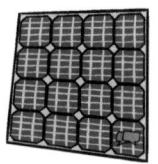

pano soler

panneau solaire

klima

climat

restoran
restaurant

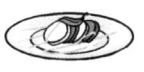

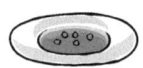

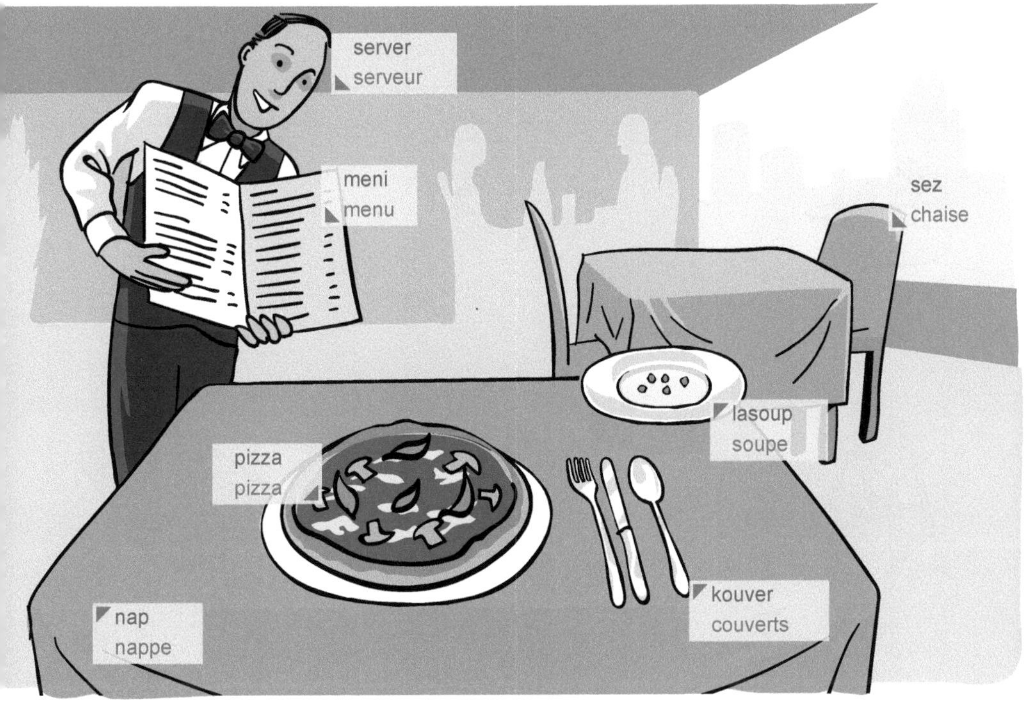
server
serveur
meni
menu
sez
chaise
lasoup
soupe
pizza
pizza
kouver
couverts
nap
nappe

lantre

hors d'œuvre

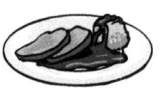

pla prinsipal

plat principal

deser

dessert

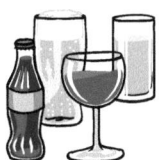

labwason

boissons

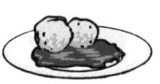

manze

alimentation

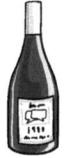

boutey

bouteille

fast food

fast-food

take-away

plats à emporter

teyer

théière

po disik

sucrier

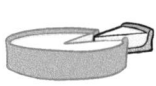

porsion

portion

masinn expresso

machine à expresso

sez-ot

chaise haute

bill

facture

plato

plateau

kouto

couteau

fourset

fourchette

kwiyer

cuillère

ti-kwiyer

cuillère à thé

serviet

serviette

ver

verre

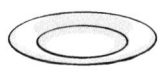

lasiet
....
assiette

lasiet
....
assiette à soupe

soukoup
....
soucoupe

lasos
....
sauce

po disel
....
salière

moulin dipwav
....
moulin à poivre

vineg
....
vinaigre

delwil
....
huile

zepis
....
épices

ketchup
....
ketchup

lamoutard
....
moutarde

mayonez
....
mayonnaise

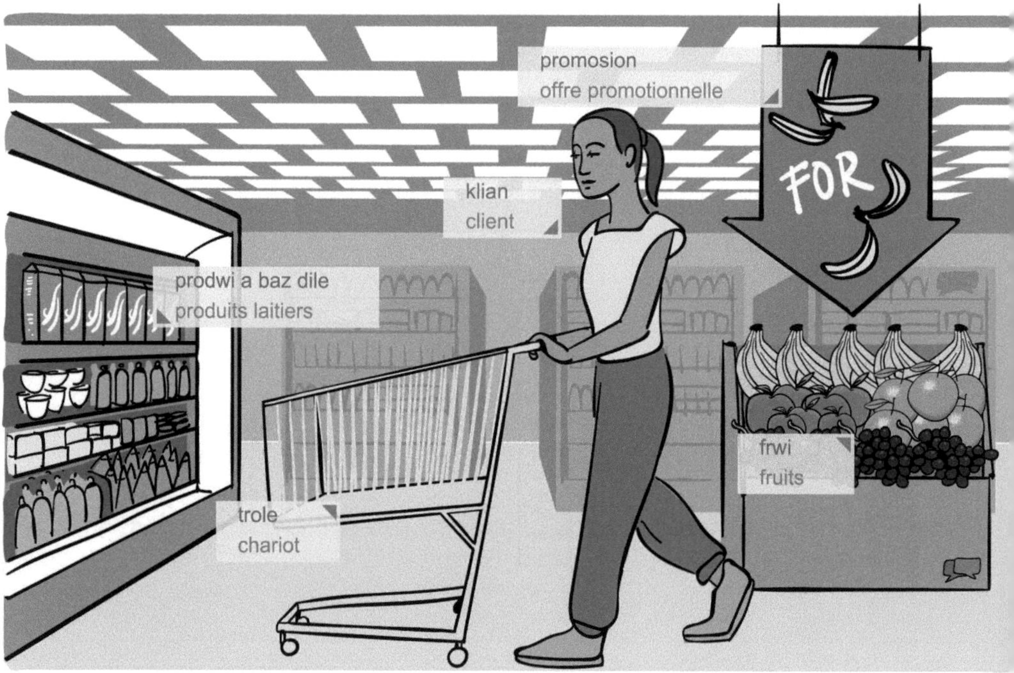

promosion
offre promotionnelle

klian
client

prodwi a baz dile
produits laitiers

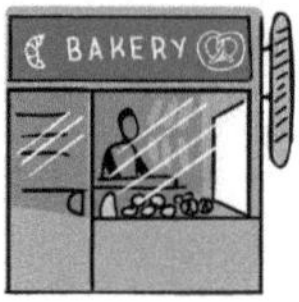

frwi
fruits

trole
chariot

bousri	boulanzri	peze
boucherie	boulangerie	peser
		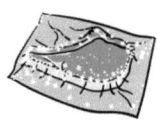
legim	laviann	aliman konzele
légumes	viande	aliments surgelés

sarkitri

charcuterie

bwat konserv

conserves

lapoud masinn

poudre à lessive

bonbon

bonbons

komision

articles ménagers

deterzan

détergents

vandez

vendeuse

lakes

caisse

kesie

caissier

lalis komision

liste d'achats

ouvertir

heures d'ouverture

portfey

portefeuille

kart kredi

carte de crédit

sak

sac

sak plastik

sac en plastique

delo

eau

zi

jus de fruit

dile

lait

coca

coca

divin

vin

labier

bière

lalkol

alcool

sokola so

chocolat chaud

dite

thé

kafe

café

expresso

expresso

cappuccino

cappuccino

banann

banane

pom

pomme

zoranz

orange

melon

melon

sitron

citron

karot

carotte

lay

ail

banbou

bambou

zwayon

oignon

sanpiyon

champignon

nwazet

noisettes

minn

pâtes

spageti

spaghetti

diri

riz

salad

salade

chips

pommes frites

pomdeter frir

pommes de terre rôties

pizza

pizza

burger

hamburger

sandwich

sandwich

eskalop

escalope

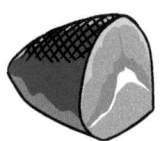

zanbon

jambon

salami

salami

sosis

saucisse

poul

poulet

roti

rôti

pwason

poisson

oatmeal

flocons d'avoine

muesli

muesli

kornbif

cornflakes

lafarinn

farine

krwasan

croissant

ti-dipin

petits-pains

dipin

pain

dipin griye

pain grillé

biskwi

biscuits

diber

beurre

fromaz blan

le fromage blanc

gato

gâteau

dizef

œuf

dizef frir

œuf au plat

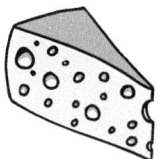

fromaz

fromage

sorbe

glace

disik

sucre

dimiel

miel

konfitir

confiture

nouga

crème nougat

kari

curry

laferm

ferme

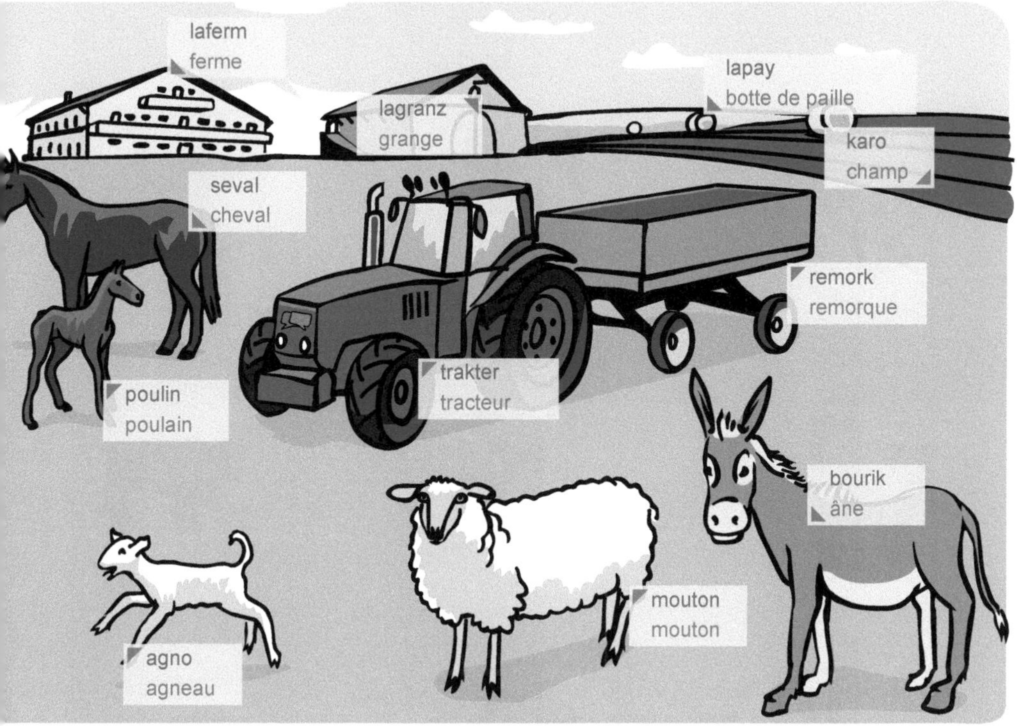
laferm
ferme
lagranz
grange
lapay
botte de paille
karo
champ
seval
cheval
remork
remorque
trakter
tracteur
poulin
poulain
bourik
âne
mouton
mouton
agno
agneau

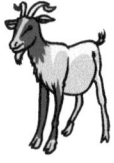

kabri	vas	vo
chèvre	vache	veau
	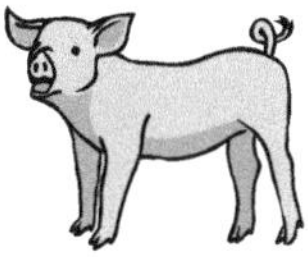	
koson	ti-koson	toro
porc	porcelet	taureau

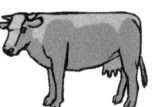

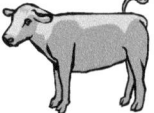

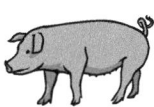

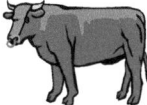

lezwa

oie

kanar

canard

pousin

poussin

poul

poule

kok

coq

lera

rat

sat

chat

souri

souris

bef

bœuf

lisien

chien

lakaz lisien

chenil

tiyo

tuyau de jardin

arozwar

arrosoir

laserp

faucheuse

saret

charrue

fosi

faucille

pios

pioche

fours

fourche

lars

hache

bouret

brouette

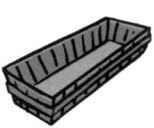

kiv

cuve

bwat dile

pot à lait

sak

sac

fencing

clôture

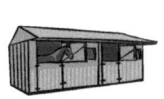

letab

étable

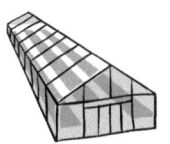

laser

serre

later

sol

lagrin

semences

langre

engrais

masinn pou fer rekolt

moissonneuse-batteuse

rekolte

récolter

rekolt

récolte

ignam

igname

dible

blé

soya

soja

pomdeter

pomme de terre

may

maïs

colza

colza

zarb frwitie

arbre fruitier

maniok

manioc

sereal

céréales

lakaz
maison

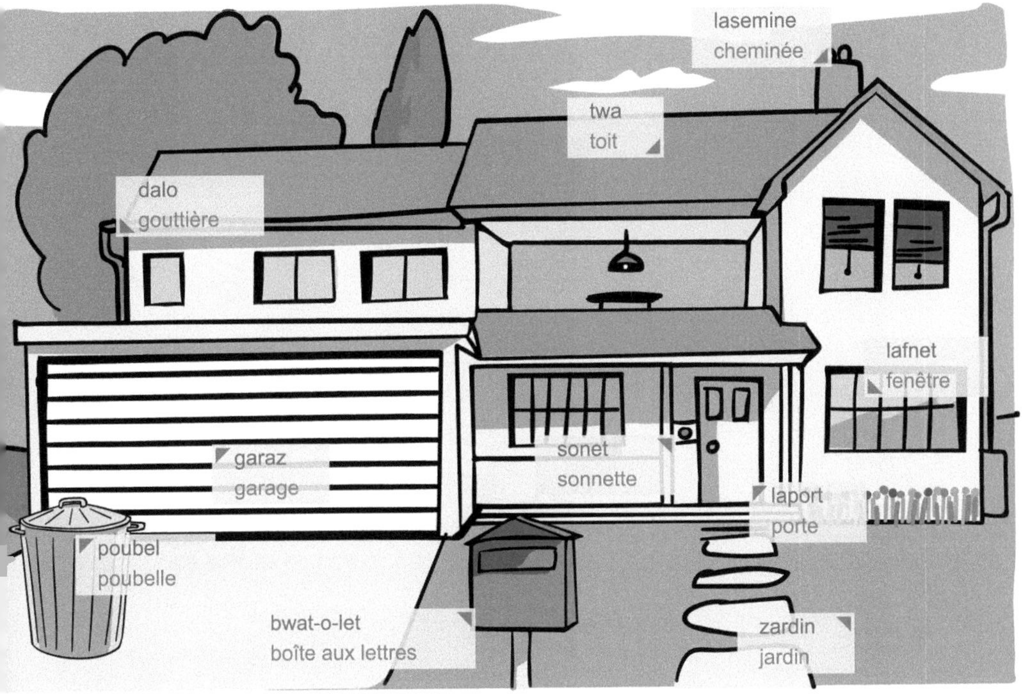

lasemine
cheminée
twa
toit
dalo
gouttière
lafnet
fenêtre
garaz
garage
sonet
sonnette
laport
porte
poubel
poubelle
bwat-o-let
boîte aux lettres
zardin
jardin

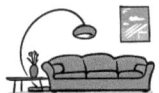

salon

salon

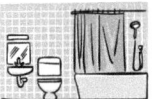

saldebin

salle de bain

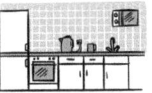

lakwizinn

cuisine

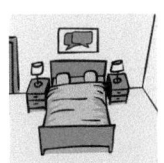

lasam

chambre à coucher

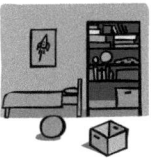

lasam zanfan

chambre d'enfant

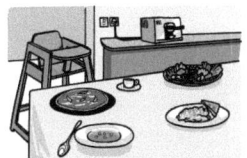

salamanze

salle à manger

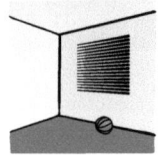

sali
sol

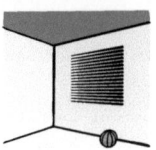

miray
mur

plafon
plafond

lakav
cave

sona
sauna

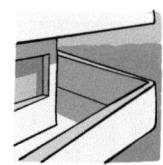

balkon
balcon

teras
terrasse

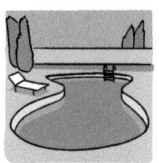

pisinn
piscine

masinn koup gazon
tondeuse à gazon

dra
housse

kwet
couette

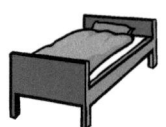

lili
lit

balie
balai

seo
sceau

take lalimier
interrupteur

salon

salon

papie-pin
papier peint
foto
image
lalamp
lampe
letazer
étagère
larmwar
armoire
televizion
télé
lasemine
cheminée
fler
fleur
kousin
coussin
sofa
sofa
vaz
vase
rimot-kontrol
télécommande

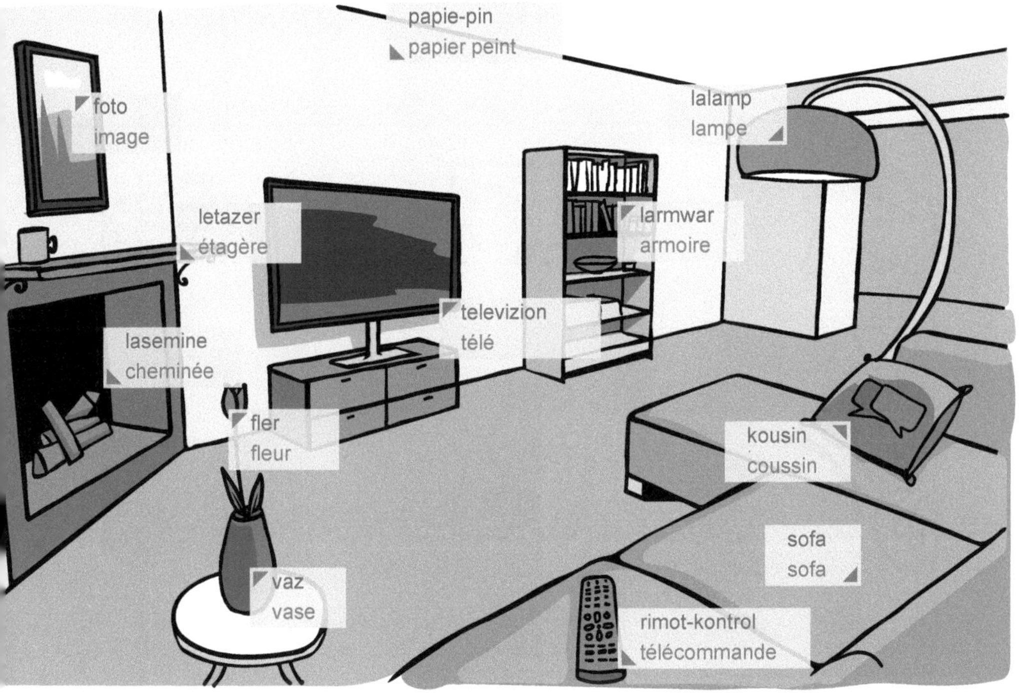

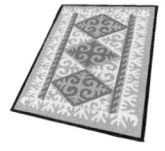

tapi

tapis

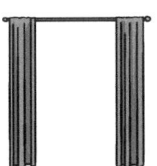

rido

rideau

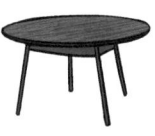

latab

table

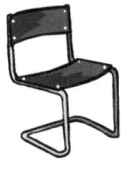

sez

chaise

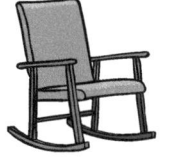

rocking chair

chaise à bascule

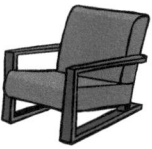

fotey

fauteuil

liv

livre

kouvertir

couverture

dekorasion

décoration

dibwa foye

bois de chauffage

fim

film

hi-fi

chaîne hi-fi

lakle

clé

zournal

journal

lapintir

peinture

poster

poster

radio

radio

bloknot

bloc-notes

laspirater

aspirateur

kaktis

cactus

labouzi

bougie

lakwizinn
cuisine

frizider
réfrigérateur
mikro-ond
four à micro-ondes
balans
balance de cuisine
toaster
grille-pain
deterzan
détergent
four
four
frizer
compartiment congélateur
poubel
poubelle
lav-vesel
lave-vaisselle

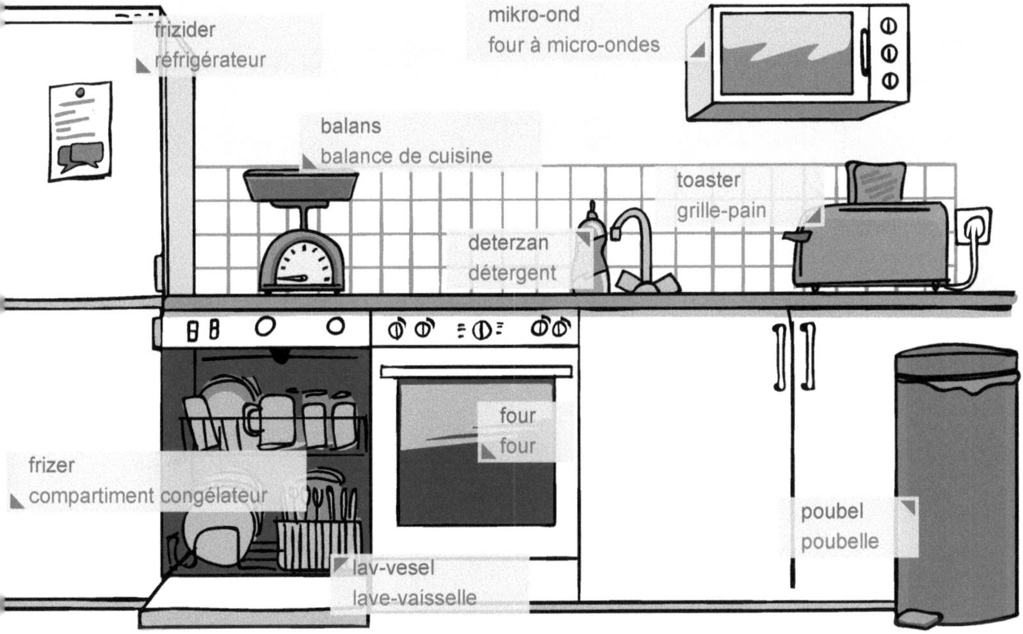

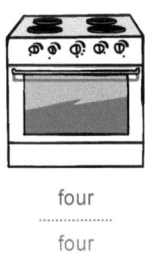

four

four

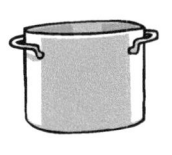

kasrol

casserole

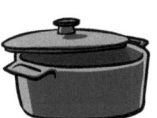

marmit

marmite

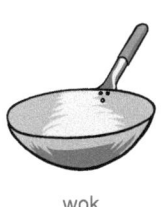

wok

wok / kadai

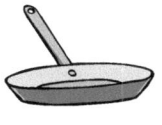

pwal

poêle

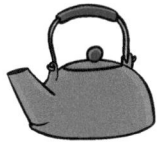

boulwar

bouilloire electrique

steamer
cuiseur vapeur

plak kwison
plaque de cuisson

vesel
vaisselle

goble
gobelet

bol
coupe

baget sinwa
baguettes

lous
louche

spatil
spatule

fwet
fouet

paswar
passoire

tami
tamis

larap
râpe

mortie
mortier

griyad
barbecue

lasemine
cheminée

biyo

planche à découper

roulo

rouleau à pâtisserie

tirbouson

tire-bouchon

bwat konserv

boîte

ouvbwat

ouvre-boîte

legan proteksion

maniques

lavabo

lavabo

bros

brosse

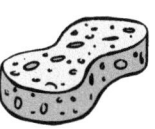

leponz

éponge

blender

mixeur

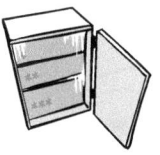

konzelater

congélateur

bibron

biberon

robine

robinet

saldebin
salle de bain

sofaz
chauffage
dous
douche
serviet
serviette
rido dous
rideau de douche
bin mousan
bain moussant
benwar
baignoire
ver
verre
masinn lave
machine à laver
robine
robinet
karo
carrelage
potsam
pot
lavabo
lavabo

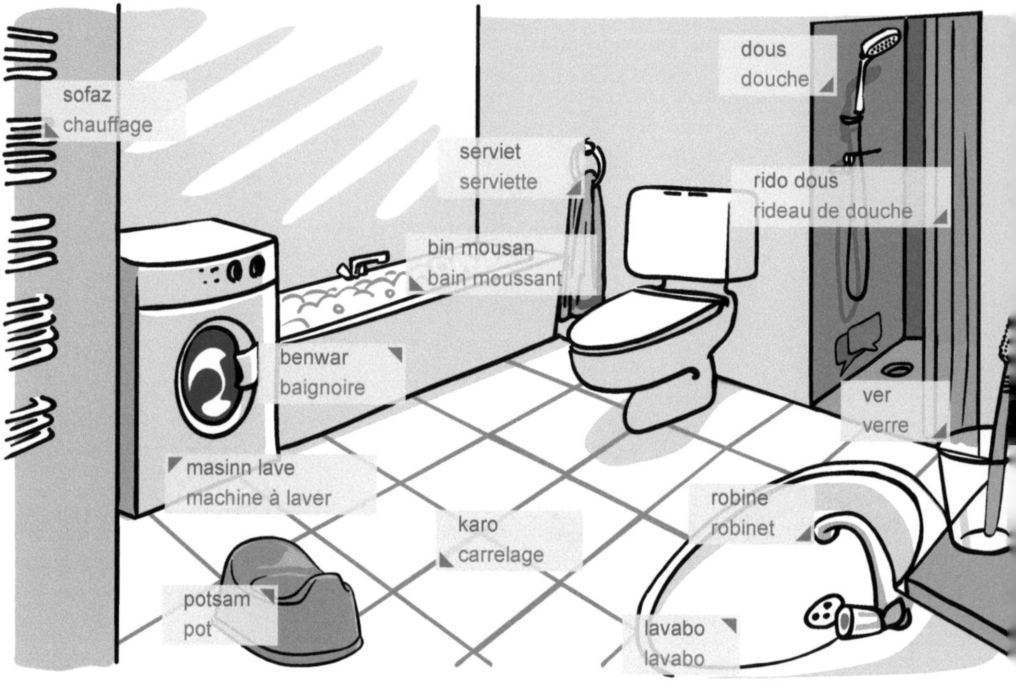

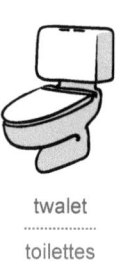

twalet
toilettes

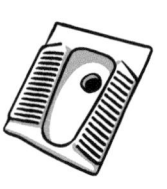

twalet
toilette à la turque

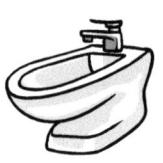

bide
bidet

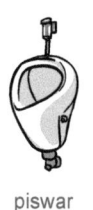

piswar
urinoir

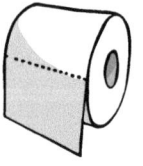

papie twalet
papier toilette

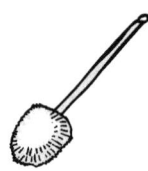

bros twalet
brosse à toilette

bros ledan
brosse à dents

dantifris
dentifrice

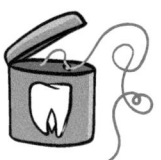

fil danter
fil dentaire

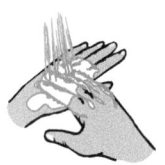

lave
laver

ti-bin
douche manuelle

dous
douche intime

basin
vasque

bros ledo
brosse dorsale

savon
savon

zel dous
gel douche

sanpwin
shampooing

gandebin
gant de toilette

drin
écoulement

lakrem
crème

deodoran
déodorant

mirwar

miroir

mirwar

miroir cosmétique

razwar

rasoir

lamous pou raze

mousse à raser

apre-razaz

après-rasage

pengn

peigne

bros

brosse

seswar

sèche-cheveux

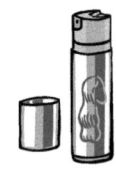

lak

laque pour cheveux

makiyaz

fond de teint

dirouz

rouge à lèvres

verni

vernis à ongles

cotton wool

ouate

tay-zong

coupe-ongles

parfin

parfum

trous twalet

trousse de toilette

stoul

tabouret

balans

pèse-personne

penwar

peignoir

legan netwayaz

gants de nettoyage

tanpon

tampon

serviet izienik

serviettes hygiéniques

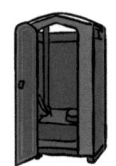

twalet simik

toilette chimique

lasam zanfan
chambre d'enfant

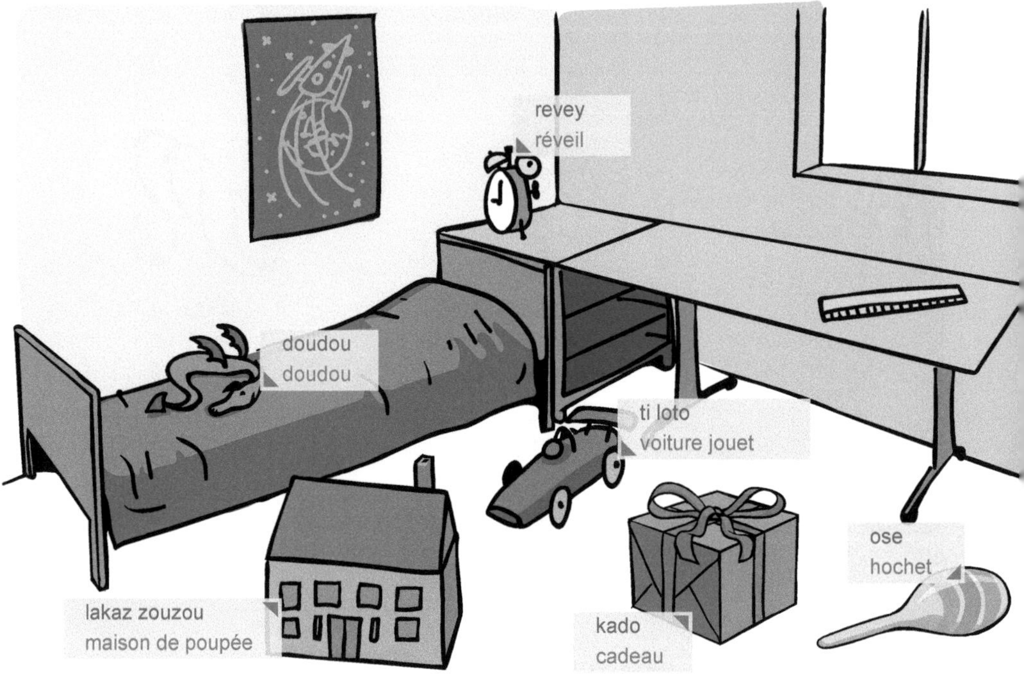
revey
réveil
doudou
doudou
ti loto
voiture jouet
ose
hochet
lakaz zouzou
maison de poupée
kado
cadeau

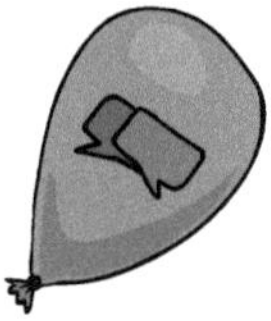

balon
ballon

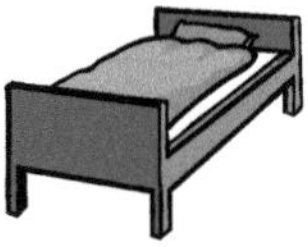

lili
lit

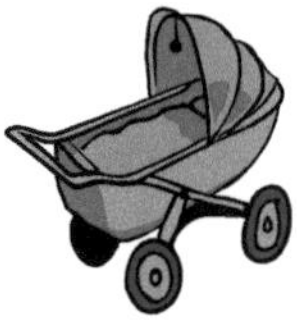

pouset
poussette

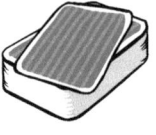

kart
jeu de cartes

puzzle
puzzle

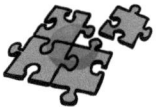

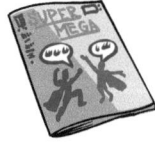

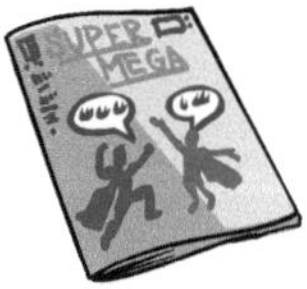
SUPER
MEGA

tikomik
bande dessinée

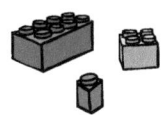

lego
pièces lego

lego
blocs de construction

figirinn
figurine

grenouyer
grenouillère

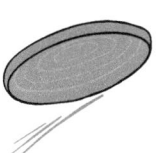

frisbee
frisbee

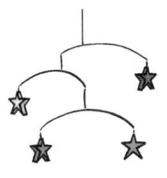

mobil
mobile

zwe
jeu de société

lede
dé

trin zouzou
train miniature

siset
sucette

fet
fête

liv ek zimaz
livre d'images

boul
balle

poupet
poupée

zwe
jouer

bak-a-sab

bac à sable

balanswar

balançoire

zouzou

jouets

game

console de jeu

trisik

tricycle

nounours

ours en peluche

larmwar

armoire

linz

vêtements

soset

chaussettes

leba

bas

kolan

collant

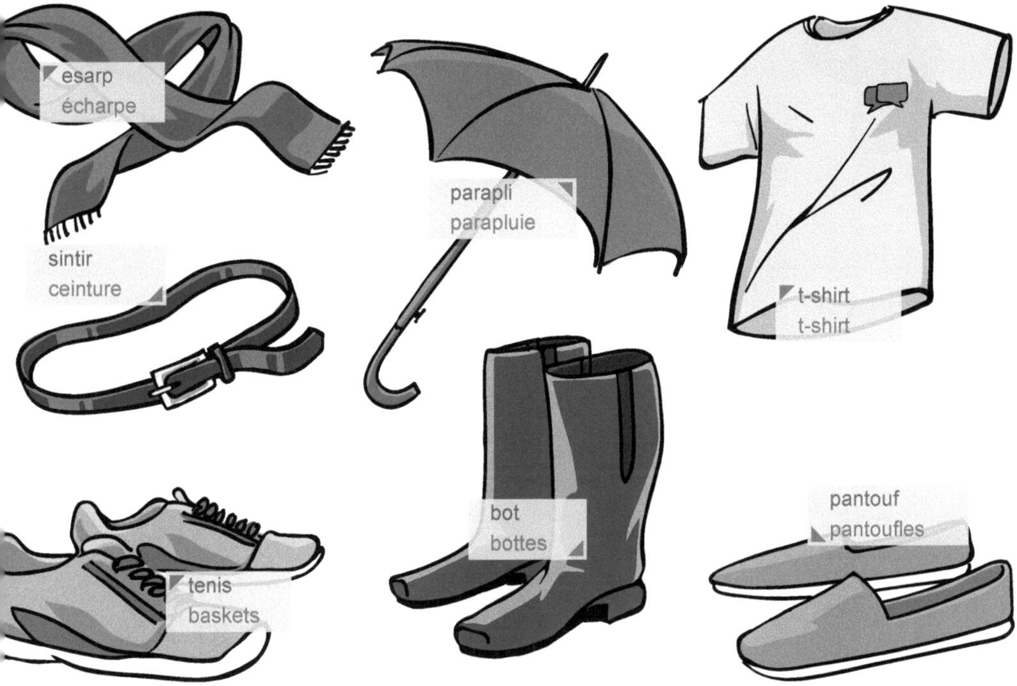

esarp
écharpe

parapli
parapluie

t-shirt
t-shirt

sintir
ceinture

bot
bottes

pantouf
pantoufles

tenis
baskets

sandalet
....
sandales

soulie
....
chaussures

bot an karotsou
....
bottes de caoutchouc

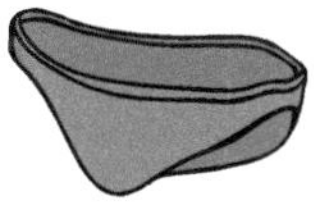

souvetman
....
sous-vêtements

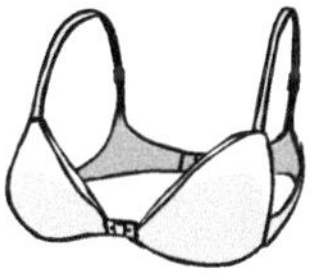

soutiengorz
....
soutien-gorge

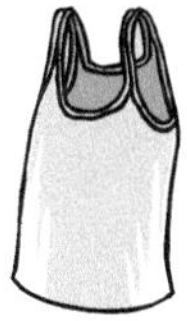

vest
....
maillot de corps

body
body

pantalon
pantalon

jeans
jean

zip
jupe

blouz
chemisier

simiz
chemise

pull-over
pull

blouzon ek kapison
sweat à capuche

vest
veste

jaket
veste

manto
manteau

pardesi
imperméable

kostim
costume

rob
robe

rob lamarye
robe de mariée

kostim
costume

robdesam
chemise de nuit

pizama
pyjama

sari
sari

foular
foulard

tirban
turban

bourka
burqa

kaftan
caftan

abaya
abaya

mayo de bin
maillot de bain

mayo de bin
maillot de bain

sorti de sekour
short

linz spor
tenue d'entraînement

tabliye
tablier

legan
gants

bouton
bouton

linet
lunettes

brasle
bracelet

kolie
collier

bag
bague

zanon
boucle d'oreille

bone
bonnet

sint
cintre

sapo
chapeau

kravat
cravate

fermetirekler
fermeture éclair

elmet
casque

bretel
bretelles

iniform lekol
uniforme scolaire

iniform
uniforme

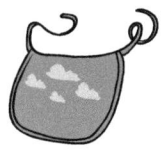

bavwar
bavoir

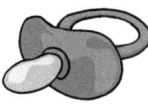

siset
sucette

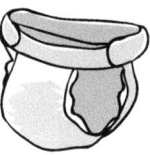

lanz
lange

biro

bureau

server
serveur
larmwar arsiv
armoire d'archivage
printer
imprimante
papie
papier
lekran
écran
mouse
souris
biro
bureau
klaser
classeur
klavie
clavier
poubel
corbeille à papier
ordinater
ordinateur
sez
chaise

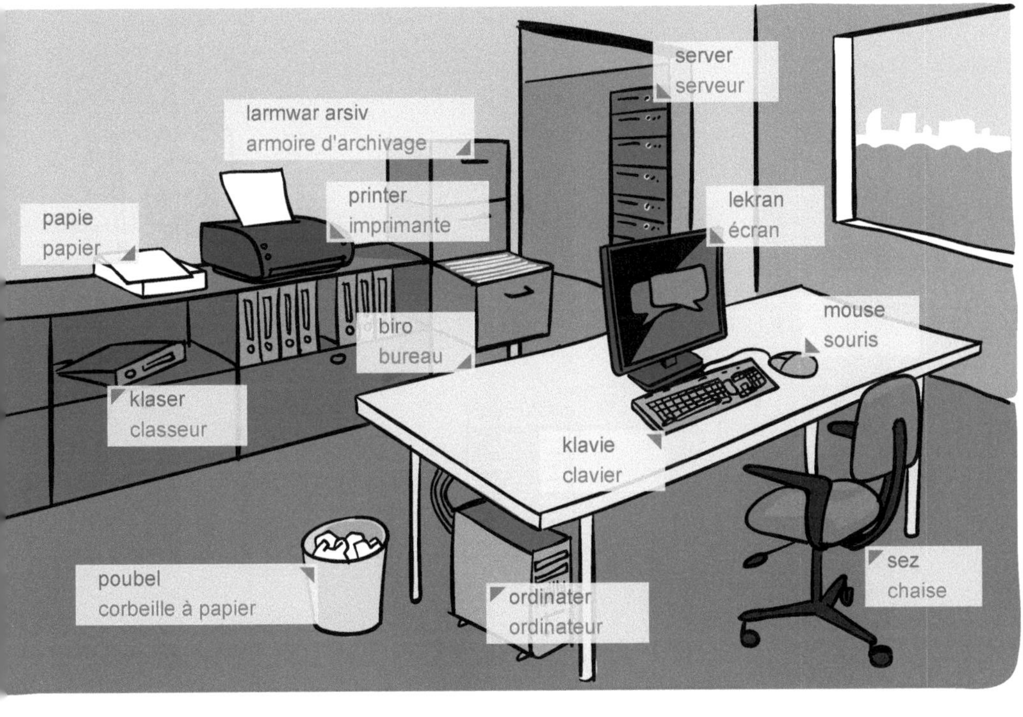

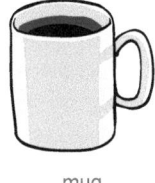

mug
tasse de café

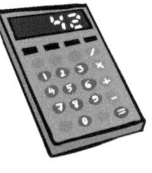

kalkilatris
calculatrice

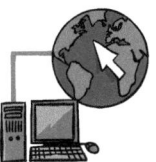

internet
internet

laptop

ordinateur portable

let

lettre

mesaz

message

portab

portable

rezo

réseau

fotokopi

photocopieuse

lozisiel

logiciel

telefonn

téléphone

priz

prise

fax

fax

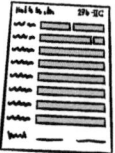

form

formulaire

dokiman

document

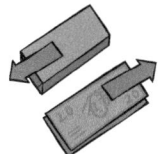

aste

acheter

peye

payer

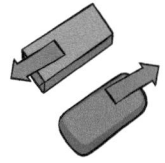

fer biznes

faire du commerce

larzan

monnaie

dolar

dollar

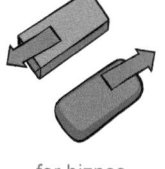

euro

euro

yen

yen

rouble

rouble

fran swis

franc suisse

renminbi yuan

renminbi yuan

roupi

roupie

distribiter biye

distributeur automatique

biro sanz

bureau de change

lor

or

larzan

argent

petrol

pétrole

lenerzi

énergie

pri

prix

kontra

contrat

tax

taxe

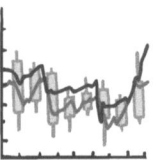

aksion

action

travay

travailler

anplwaye

employé

anplwayer

employeur

lizinn

usine

magazin

magasin

travay
professions

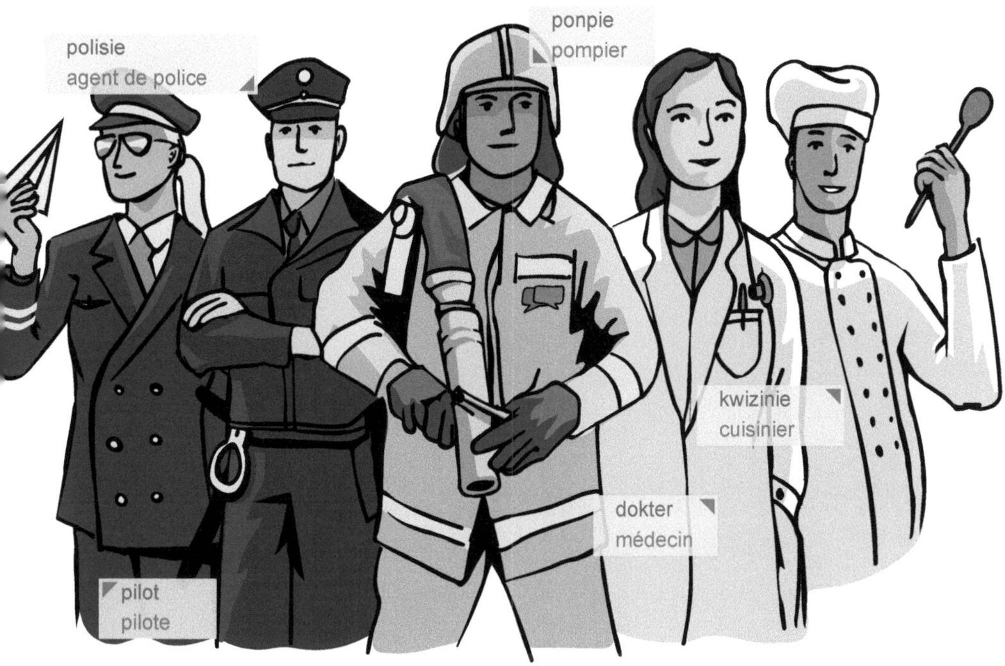
polisie
agent de police
ponpie
pompier
kwizinie
cuisinier
dokter
médecin
pilot
pilote

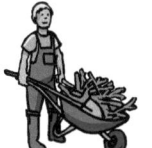

zardinie

jardinier

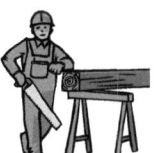

sarpantie

menuisier

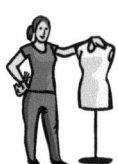

koutirier

couturière

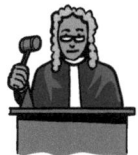

ziz

juge

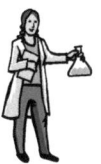

simis

chimiste

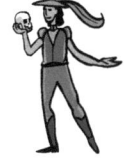

akter

acteur

sofer bis

conducteur de bus

sofer taxi

chauffeur de taxi

peser

pêcheur

bonn

femme de ménage

zouvriye twa lakaz

couvreur

server

serveur

saser

chasseur

pint

peintre

boulanze

boulanger

elektrisien

électricien

zouvriye

ouvrier

inzenier

ingénieur

bouse

boucher

plonbie

plombier

fakter

facteur

solda

soldat

arsitek

architecte

kesie

caissier

fleris

fleuriste

kwafez

coiffeur

chek

contrôleur

mekanisien

mécanicien

kapitenn

capitaine

dantis

dentiste

siantis

scientifique

rabi

rabbin

imam

imam

mwann

moine

pret

prêtre

zouti
outils

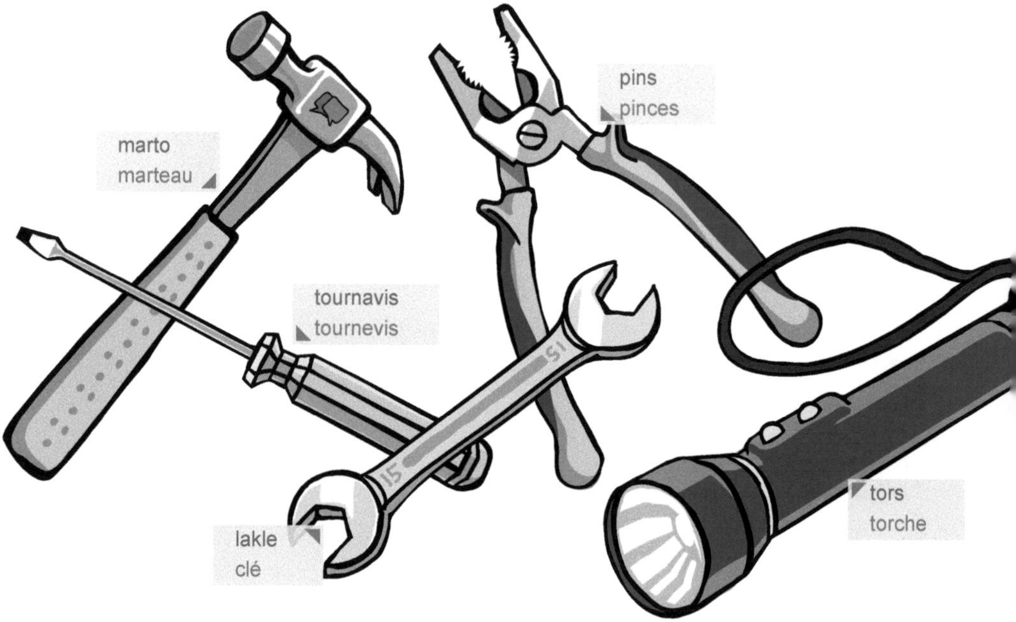
marto
marteau
pins
pinces
tournavis
tournevis
lakle
clé
tors
torche

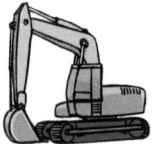

peltez

pelleteuse

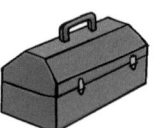

bwat zouti

boîte à outils

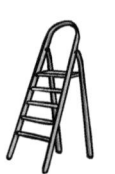

lesel

échelle

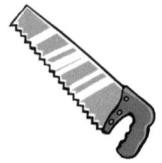

lasi

scie

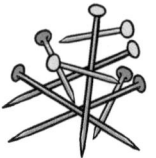

koulou

clous

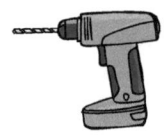

persez

perceuse

aranze
réparer

lapel
pelle

Ayo!
Mince !

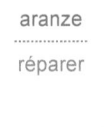

lapel
pelle

po lapintir
pot de peinture

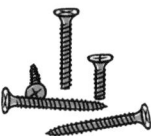

vis
vis

instriman lamizik
instruments de musique

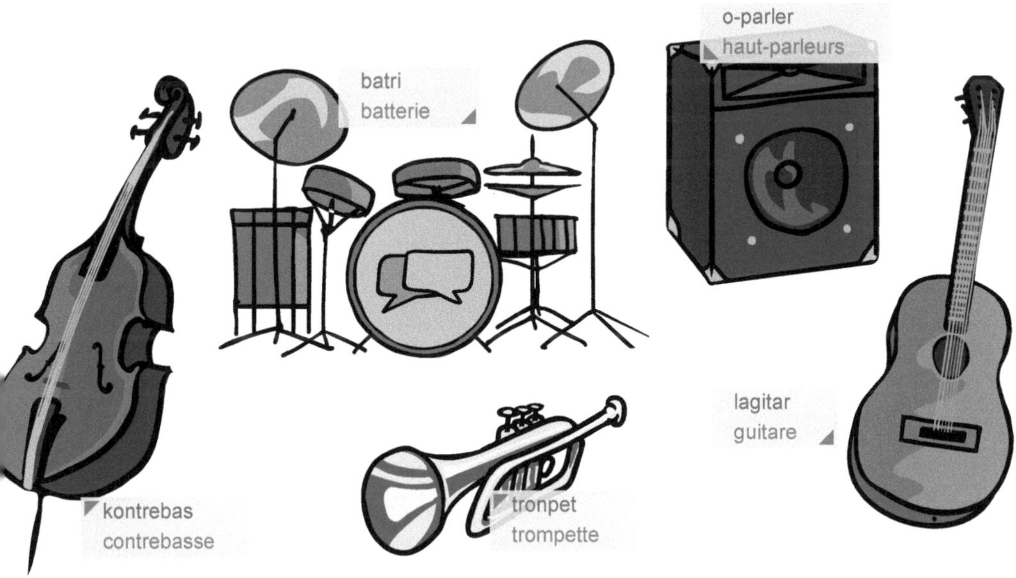

batri
batterie

o-parler
haut-parleurs

lagitar
guitare

kontrebas
contrebasse

tronpet
trompette

piano
piano

violon
violon

bas
basse

tinbal
timbales

tanbour
tambour

klavie
piano électrique

saxofonn
saxophone

laflit
flûte

mikro
microphone

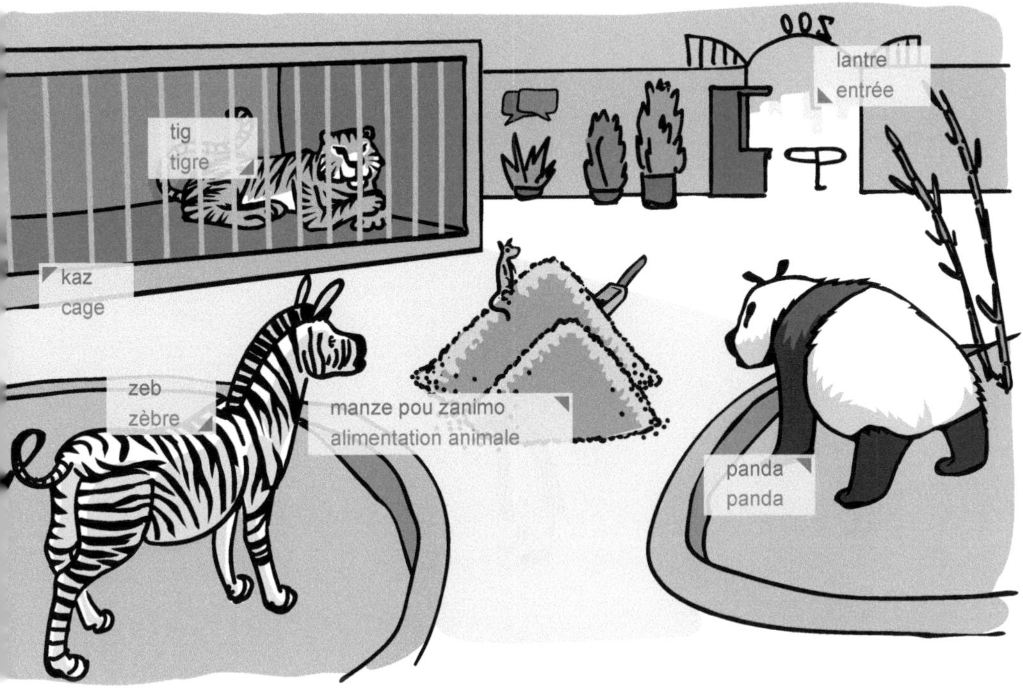

tig
tigre

lantre
entrée

kaz
cage

zeb
zèbre

manze pou zanimo
alimentation animale

panda
panda

zanimo
....
animaux

lelefan
....
éléphant

kangourou
....
kangourou

rinoceros
....
rhinocéros

gori
....
gorille

lours
....
ours

samo
chameau

lotris
autruche

lion
lion

zako
singe

flaman roz
flamand rose

peroke
perroquet

lours poler
ours polaire

pingwi
pingouin

rekin
requin

pan
paon

serpan
serpent

krokodil
crocodile

gardien zoo
gardien de zoo

fok
phoque

zagwar
jaguar

poney
poney

leopar
léopard

ipopotam
hippopotame

ziraf
girafe

leg
aigle

sangliye
sanglier

pwason
poisson

torti
tortue

mors
morse

renar
renard

gazel
gazelle

foutborl ameriken
american Football

siklism
cyclisme

tenis
tennis

basketball
basket-ball

natasion
natation

labox
boxe

oke lor gazon
hockey sur glace

foutborl
football

badminton
badminton

atletism
athlétisme

handball
handball

ski
ski

polo
polo

sote
sauter

maye
embrasser

riye
rire

marse
marcher

sante
chanter

reve
rêver

priye
prier

anbrase
faire la bise

ekrir
écrire

desine
dessiner

montre
montrer

pouse
pousser

done
donner

pran
prendre

ena
avoir

fer
faire

ete
être

diboute
être debout

galoupe
courir

rise
trier

zete
jeter

tonbe
tomber

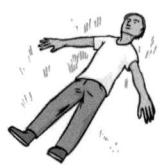

alonze
être couché

atann
attendre

amene
porter

asize
être assis

abiye
s'habiller

dormi
dormir

leve
se réveiller

gete

regarder

plore

pleurer

karese

caresser

pengne

peigner

koze

parler

konpran

comprendre

dimande

demander

ekoute

écouter

bwar

boire

manze

manger

netwaye

ranger

kontan

aimer

kwi

cuire

kondir

conduire

anvole

voler

aktivite - activités

fer lavwal

faire de la voile

kalkile

calculer

lir

lire

aprann

apprendre

travay

travailler

marye

se marier

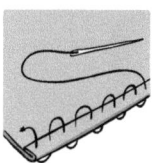

koud

coudre

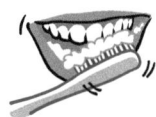

bros ledan

brosser les dents

touye

tuer

fime

fumer

avoye

envoyer

granmer
grand-mère

granper
grand-père

papa
père

mama
mère

ti-baba
bébé

tifi
fille

garson
fils

ot
----
hôte

matant
----
tante

tonton
----
oncle

frer
----
frère

ser
----
sœur

fami - famille

lekor

corps

fron
front
lizie
œil
figir
visage
manton
menton
tete
poitrine
ledwa
doigt
lame
main
lebra
bras
zepol
épaule
lazam
jambe

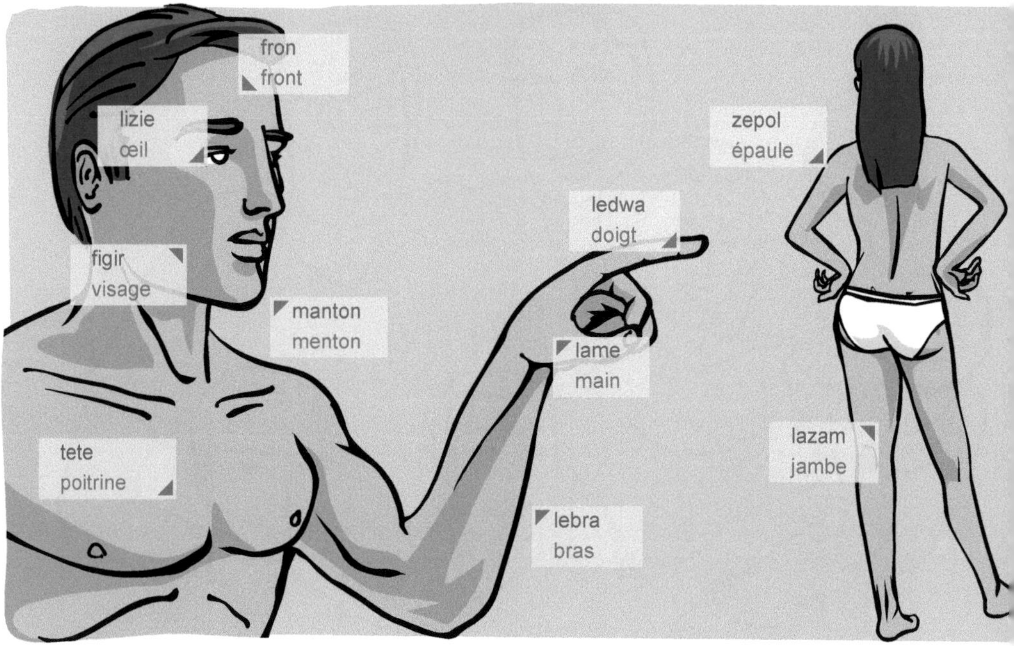

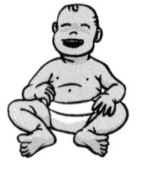

ti-baba

bébé

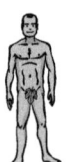

zom

homme

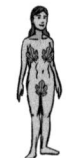

fam

femme

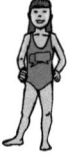

tifi

fille

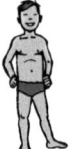

ti-garson

garçon

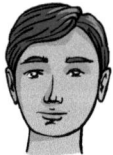

latet

tête

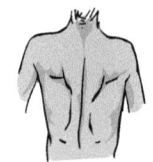

ledo

dos

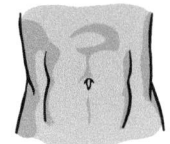

vant

ventre

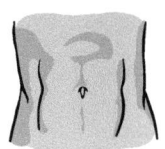

lonbri

nombril

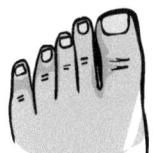

zortey

orteil

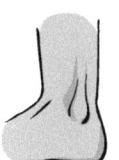

talon

talon

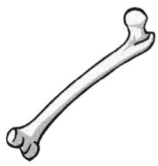

lezo

os

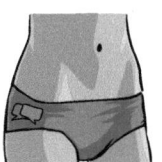

laans

hanche

zenou

genou

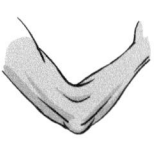

koud

coude

nene

nez

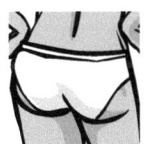

fes

fesses

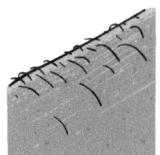

lapo

peau

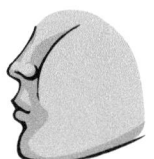

lazou

joue

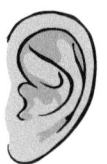

zorey

oreille

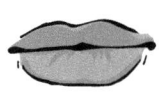

lalev

lèvre

labous

bouche

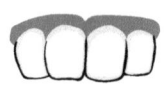

ledan

dent

lalang

langue

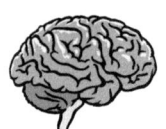

servo

cerveau

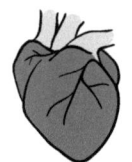

leker

cœur

mix

muscle

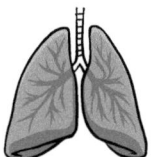

poumon

poumons

lefwa

foie

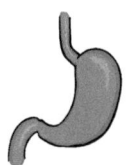

lestoma

estomac

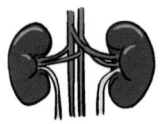

lerin

reins

sex

rapport sexuel

kapot

préservatif

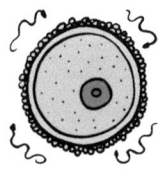

ovil

ovule

sperm

sperme

groses

grossesse

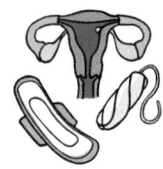

period
menstruation

vazin
vagin

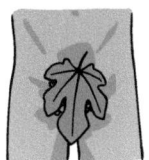

penis
pénis

soursi
sourcil

seve
cheveux

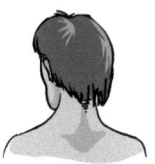

likou
cou

lopital
hôpital

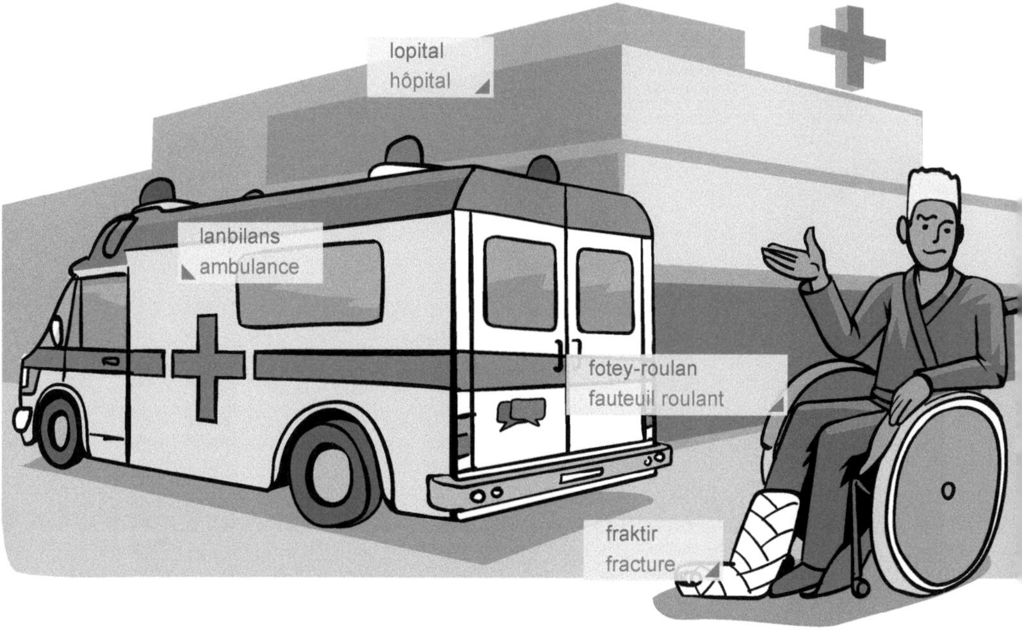

lopital
hôpital
lanbilans
ambulance
fotey-roulan
fauteuil roulant
fraktir
fracture

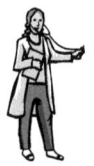

dokter

médecin

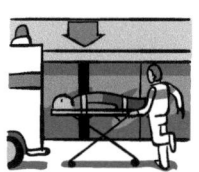

servis irzans

service des urgences

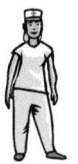

ners

infirmière

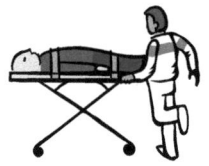

irzans

urgence

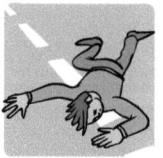

inkonsian

inconscient

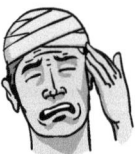

douler

douleur

blesir

blessure

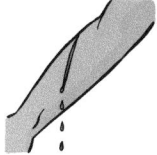

emorazi

hémorragie

kriz kardiak

crise cardiaque

atak serebral

attaque cérébrale

alerzik

allergie

touse

toux

lafiev

fièvre

lagrip

grippe

diare

diarrhée

malad latet

mal de tête

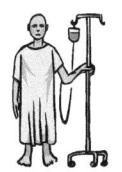

kanser

cancer

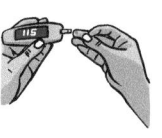

diabet

diabète

sirirzien

chirurgien

skalpel

scalpel

operasion

opération

lopital - hôpital

CT
CT

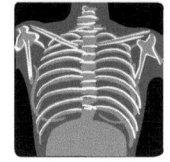

x-ray
radiographie

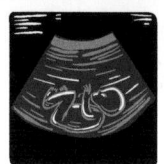

iltrason
échographie

mask
masque

maladi
maladie

sal-datant
salle d'attente

beki
béquille

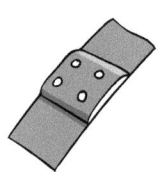

pansman
pansement

bandaz
pansement

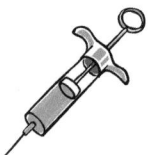

inzeksion
injection

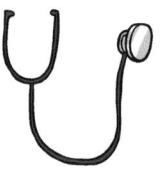

stetoskop
stéthoscope

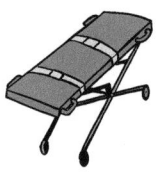

brankar
brancard

termomet
thermomètre

nesans
accouchement

sirpwa
surcharge pondérale

laparey oditif

appareil auditif

dezinfektan

désinfectant

infeksion

infection

viris

virus

HIV / SIDA

VIH / sida

medsinn

médicament

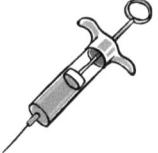

vaksinasion

vaccination

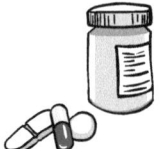

konprime

comprimés

pilil kontraseptif

pilule

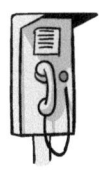

korl irzans

appel d'urgence

laparey tansion

tensiomètre

malad / bien

malade / sain

o-sekour

Au secours !

alarm

alarme

atak

assaut

atak

attaque

danze

danger

sorti de sekour

sortie de secours

Dife!

Au feu!

laponp dife

extincteur

aksidan

accident

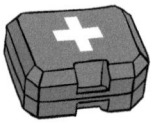

kit first aid

trousse de premier secours

SOS

SOS

lapolis

police

lerop

Europe

Lamerik di nor

Amérique du Nord

Lamerik di sid

Amérique du Sud

lafrik

Afrique

lazi

Asie

lostrali

Australie

latlantik

Océan atlantique

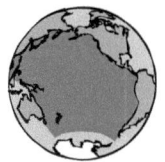

pasifik

Océan pacifique

losean indien

Océan indien

losean antartik

Océan antarctique

losean artik

Océan arctique

Pol Nor

pôle nord

Pol Sid

pôle sud

lantartik

Antarctique

later

terre

later

pays

lamer

mer

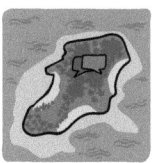

zil

île

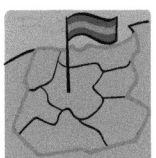

nasion

nation

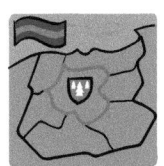

leta

état

kadran

cadran

zegwi ler

aiguille des heures

zegwi minit

aiguille des minutes

zegwi segonn

aiguille des secondes

ki ler la ?

Quelle heure est-il ?

zour

jour

letan

temps

aster-la

maintenant

mont dizital

montre digitale

minit

minute

ler

heure

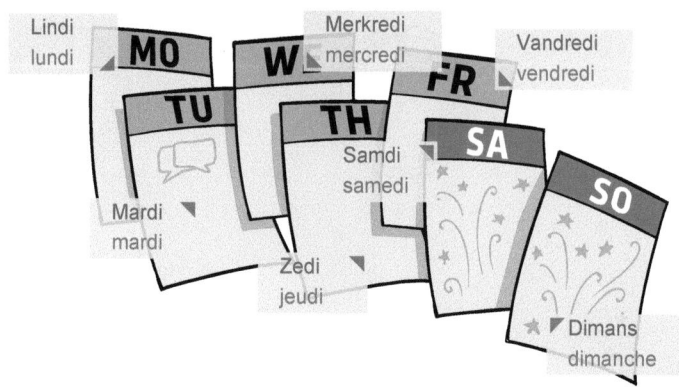

Lindi / lundi
Mardi / mardi
Merkredi / mercredi
Zedi / jeudi
Vandredi / vendredi
Samdi / samedi
Dimans / dimanche

yer
hier

zordi
aujourd'hui

demin
demain

gramatin
matin

midi
midi

aswar
soir

zour travay
jours ouvrables

wikenn
week-end

lane
année

lapli
pluie
larkansiel
arc-en-ciel
divan[
vent
lanez
neige
printan
printemps
lete
été
otonn
automne
liver
hiver

4.APRIL 11°
5.APRIL 4°
6.APRIL 13°
7.APRIL 8°
8.APRIL 10°

meteo

météo

F
C
120
90
60
30
0
-30
40
30
20
10
0
-10
-20

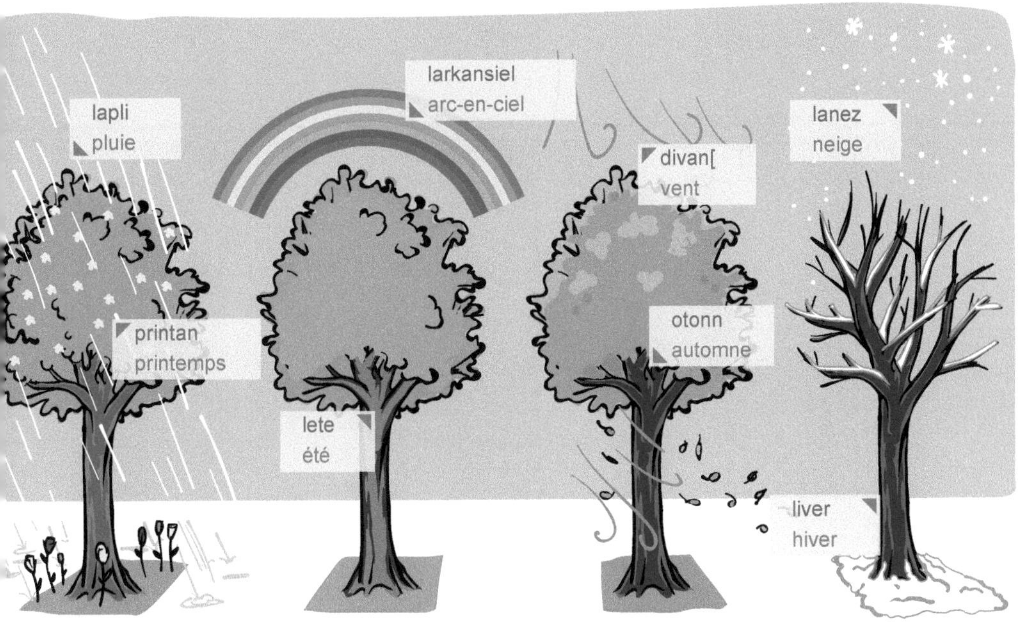

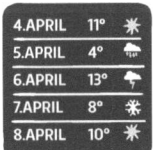

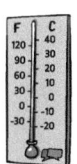

termomet

thermomètre

lalimier soley

lumière du soleil

niaz

nuage

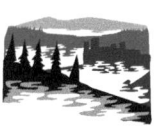

brouyar

brouillard

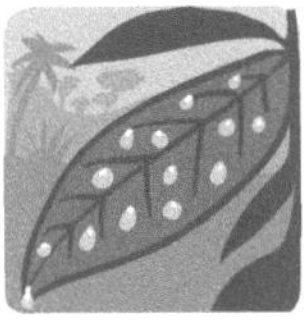

limidite

humidité

lafoud
foudre

toner
tonnerre

tanpet
tempête

lagrel
grêle

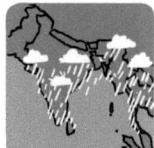

mouson
mousson

inondasion
inondation

laglas
glace

Zanvie
janvier

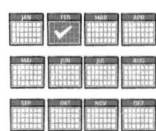

Fevriye
février

Mars
mars

Avril
avril

Me
mai

Zien
juin

Zilie
juillet

Out
août

lane - année

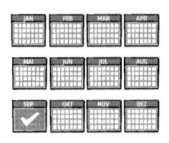

Septam

septembre

Oktob

octobre

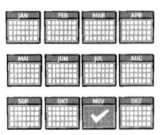

Novam

novembre

Desam

décembre

form

formes

ron

cercle

kare

carré

rektang

rectangle

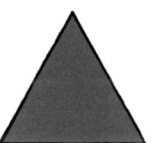

triang

triangle

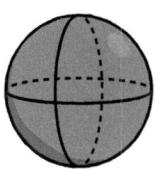

sfer

sphère

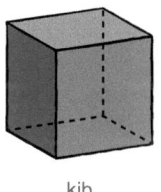

kib

cube

blan
....
blanc

zonn
....
jaune

oranz
....
orange

roz
....
rose

rouz
....
rouge

mov
....
violet

ble
....
bleu

ver
....
vert

maron
....
marron

gri
....
gris

nwar
....
noir

boukou / enn tigit

beaucoup / peu

ankoler / kalm

fâché / calme

zoli / vilin

joli / laid

koumansman / lafin

début / fin

gro / tipti

grand / petit

kler / obskirite

clair / obscure

frer / ser

frère / soeur

prop / sal

propre / sale

konple / inkonple

complet / incomplet

lizour / lanwit

jour / nuit

vivan / mor

mort / vivant

larz / sere

large / étroit

komestib / inkomestib

comestible / incomestible

move / bon

méchant / gentil

exsite / agase

excité / ennuyé

gra / mins

gros / mince

premie / dernie

premier / dernier

kamwad / lennmi

ami / ennemi

ranpli / vid

plein / vide

dir / mou

dur / souple

lour / leze

lourd / léger

fin / swaf

faim / soif

malad / bien

malade / sain

ilegal / legal

illégal / légal

intelizan / kouyon

intelligent / stupide

gos / drwat

gauche / droite

pre / lwin

proche / loin

opozision - oppositions

nouvo / ize

nouveau / usé

nanye / kiksoz

rien / quelque chose

vie / zenn

vieux / jeune

demare / arete

marche / arrêt

ouver / ferme

ouvert / fermé

trankil / for

faible / fort

ris / pov

riche / pauvre

bon / move

correct / incorrect

brit / lis

rugueux / lisse

tris / zwaye

triste / heureux

kourt / long

court / long

lan / rapid

lent / rapide

tranpe / sek

mouillé / sec

so / fre

chaud / froid

lager / lape

guerre / paix

0

zero

zéro

1

enn

un / une

2

de

deux

3

trwa

trois

4

kat

quatre

5

sink

cinq

6

sis

six

7

set

sept

8

wit

huit

9

nef

neuf

10

distribiter biye

dix

11

onz

onze

12

douz

douze

13

trez

treize

14

katorz

quatorze

15

kinz

quinze

16

sez

seize

17

diset

dix-sept

18

dizwit

dix-huit

19

diznef

dix-neuf

20

vin

vingt

100

san

cent

1.000

mil

mille

1.000.000

milyon

million

Angle

anglais

Angle Lamerik

anglais américain

Mandarin Sinwa

chinois mandarin

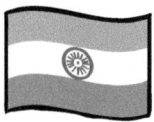

Hindi

hindi

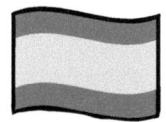

espagnol

espagnol

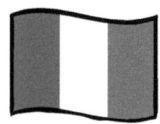

Franse

français

Arab

arabe

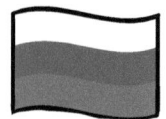

Ris

russe

Portige

portugais

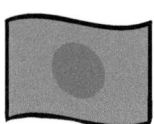

Bengali

bengali

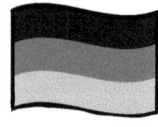

Alman

allemand

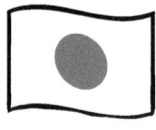

Zapone

japonais

mo

je

to

tu

li

il / elle / ce, c', cela

nou

nous

ou

vous

zot

ils / elles

kisana?

Qui ?

kiete?

Quoi ?

kouma?

Comment ?

kotsa?

Où ?

kan?

Quand ?

nom

nom

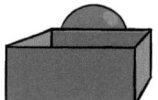

deryer

derrière

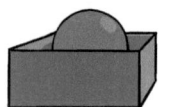

dan

dans

devan

devant

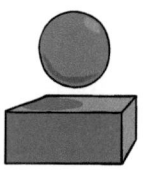

lor

au-dessus

lor

sur

anba

en-dessous

akote

à côté de

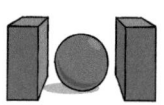

ant

entre

plas

lieu